Treino para habilidades do gerenciamento de tempo

EDITORES DA SÉRIE
Cristiana Castanho de Almeida Rocca
Telma Pantano
Antonio de Pádua Serafim

Treino para habilidades do gerenciamento de tempo

AUTORAS
Natalie Torres de Matos
Patrícia Cotting Homem de Mello

Copyright © Editora Manole Ltda., 2024, por meio de contrato com os editores e as autoras.

A edição desta obra foi financiada com recursos da Editora Manole Ltda., um projeto de iniciativa da Fundação Faculdade de Medicina em conjunto e com a anuência da Faculdade de Medicina da Universidade de São Paulo – FMUSP.

Logotipos *Copyright* © Faculdade de Medicina da Universidade de São Paulo
 Copyright © Hospital das Clínicas – FMUSP
 Copyright © Instituto de Psiquiatria

Produção editorial: Juliana Waku
Projeto gráfico e diagramação: Departamento Editorial da Editora Manole
Capa: Ricardo Yoshiaki Nitta Rodrigues
Ilustrações: Freepik, iStockphoto

CIP-BRASIL. CATALOGAÇÃO NA PUBLICAÇÃO
SINDICATO NACIONAL DOS EDITORES DE LIVROS, RJ

M382t

    Matos, Natalie Torres de
       Treino para habilidades do gerenciamento de tempo / Natalie Torres de Matos, Patrícia Cotting Homem de Mello. - 1. ed. - Barueri [SP] : Manole, 2024.
       il. ; 23 cm.   (Psicologia e neurociências)

    Apêndice
    Inclui bibliografia e índice
    ISBN 978-85-204-5913-3

    1. Administração de tempo. 2. Saúde mental. 3. Terapia ocupacional. I. Mello, Patrícia Cotting Homem de. II. Título. III. Série.

24-92037   CDD: 650.11
                     CDU: 005.962.11

Gabriela Faray Ferreira Lopes - Bibliotecária - CRB-7/6643

Todos os direitos reservados.
Nenhuma parte deste livro poderá ser reproduzida, por qualquer processo, sem a permissão expressa dos editores. É proibida a reprodução por fotocópia.
A Editora Manole é filiada à ABDR – Associação Brasileira de Direitos Reprográficos.

1ª edição – 2024

Editora Manole Ltda.
Alameda Rio Negro, 967, cj. 717
Alphaville – Barueri – SP – Brasil
CEP: 06454-000
Fone: (11) 4196-6000
www.manole.com.br | https://atendimento.manole.com.br/

Impresso no Brasil
Printed in Brazil

EDITORES DA
SÉRIE *PSICOLOGIA E NEUROCIÊNCIAS*

Cristiana Castanho de Almeida Rocca

Psicóloga Supervisora do Serviço de Psicologia e Neuropsicologia, e em atuação no Hospital Dia Infantil do Instituto de Psiquiatria do Hospital das Clínicas da Faculdade de Medicina da Universidade de São Paulo (IPq-HCFMUSP). Mestre e Doutora em Ciências pela FMUSP. Professora Colaboradora na FMUSP e Professora nos cursos de Neuropsicologia do IPq-HCFMUSP.

Telma Pantano

Fonoaudióloga e Psicopedagoga do Serviço de Psiquiatria Infantil do Hospital das Clínicas da Faculdade de Medicina da Universidade de São Paulo (HCFMUSP). Vice-coordenadora do Hospital Dia Infantil do Instituto de Psiquiatria do HCFMUSP e especialista em Linguagem. Mestre e Doutora em Ciências e Pós-doutora em Psiquiatria pela FMUSP. Master em Neurociências pela Universidade de Barcelona, Espanha. Professora e Coordenadora dos cursos de Neurociências e Neuroeducação pelo Centro de Estudos em Fonoaudiologia Clínica.

Antonio de Pádua Serafim

Professor do Departamento de Psicologia da Aprendizagem, do Desenvolvimento e da Personalidade e Professor do Programa de Neurociências e Comportamento no Instituto de Psicologia da Universidade de São Paulo (IPUSP). Coordenador do Laboratório de Estudos e Pesquisas em Avaliação Psicológica e Neuropsicológica – LEANPSI (IPUSP). Professor Supervisor no Núcleo Forense do Instituto de Psiquiatria do Hospital das Clínicas da Faculdade de Medicina da Universidade de São Paulo (IPq-HCFMUSP) entre 2014 e 2022.

AUTORAS

Natalie Torres de Matos

Terapeuta Ocupacional chefe do Serviço de Terapia Ocupacional do Instituto de Psiquiatria do Hospital das Clínicas da Faculdade de Medicina da Universidade de São Paulo (IPq-HCFMUSP). Mestre em Ciências pela Faculdade de Medicina da Universidade de Sao Paulo (USP). Especialista em Gerontologia pela Universidade Federal de São Paulo (UNIFESP) e em Fisiologia do Exercício pela Universidade de São Paulo (USP). Especializada em Saúde Mental, Deficiência Intelectual e Reabilitação Cognitiva-Funcional. Terapeuta Ocupacional do Programa de Tratamento de Transtornos Alimentares (AMBULIM) do IPq-HCFMUSP. Professora do Curso de Especialização de Terapia Ocupacional em Reabilitação Cognitiva Funcional do IPq-HCFMUSP.

Patrícia Cotting Homem de Mello

Doutoranda do Programa de Pós-graduação em Ciências do Movimento Humano e Reabilitação da Universidade Federal de São Paulo (UNIFESP). Mestre em Ciências pelo Departamento de Psiquiatria (FMUSP). Especialização em Reabilitação Cognitiva Funcional. Formada no Método TAP (*Tailored Activity Program*) para treinamento de cuidadores de pessoas com demência (Johns Hopkins University School). Especialista em Acupuntura e Medicina Tradicional Chinesa (CEATA). Graduada em Terapia Ocupacional (Universidade de São Paulo – USP). Docente do Curso de Especialização em Reabilitação Cognitiva Funcional EEP-HC-FMUSP. Supervisora dos Cursos de Aperfeiçoamento em Terapia Ocupacional aplicados à Saúde Mental do Idoso e do Adulto do Serviço de Terapia Ocupacional (STO) VI Terapia ocupacional em neuropsiquiatria e saúde mental do Instituto de Psiquiatria do HCFMUSP (IPq-HCFMUSP). Terapeuta Ocupacional Chefe do STO do IPq-HCFMUSP. Sócia fundadora e Terapeuta Ocupacional da Clínica Médica Homem de Mello & Cotting.

Durante o processo de edição desta obra, foram tomados todos os cuidados para assegurar a publicação de informações técnicas, precisas e atualizadas conforme lei, normas e regras de órgãos de classe aplicáveis à matéria, incluindo códigos de ética, bem como sobre práticas geralmente aceitas pela comunidade acadêmica e/ou técnica, segundo a experiência do autor da obra, pesquisa científica e dados existentes até a data da publicação. As linhas de pesquisa ou de argumentação do autor, assim como suas opiniões, não são necessariamente as da Editora, de modo que esta não pode ser responsabilizada por quaisquer erros ou omissões desta obra que sirvam de apoio à prática profissional do leitor.

Do mesmo modo, foram empregados todos os esforços para garantir a proteção dos direitos de autor envolvidos na obra, inclusive quanto às obras de terceiros e imagens e ilustrações aqui reproduzidas. Caso algum autor se sinta prejudicado, favor entrar em contato com a Editora.

Finalmente, cabe orientar o leitor que a citação de passagens da obra com o objetivo de debate ou exemplificação ou ainda a reprodução de pequenos trechos da obra para uso privado, sem intuito comercial e desde que não prejudique a normal exploração da obra, são, por um lado, permitidas pela Lei de Direitos Autorais, art. 46, incisos II e III. Por outro, a mesma Lei de Direitos Autorais, no art. 29, incisos I, VI e VII, proíbe a reprodução parcial ou integral desta obra, sem prévia autorização, para uso coletivo, bem como o compartilhamento indiscriminado de cópias não autorizadas, inclusive em grupos de grande audiência em redes sociais e aplicativos de mensagens instantâneas. Essa prática prejudica a normal exploração da obra pelo seu autor, ameaçando a edição técnica e universitária de livros científicos e didáticos e a produção de novas obras de qualquer autor.

SUMÁRIO

Apresentação da Série Psicologia e Neurociências XI

Introdução 1

    Proposta 2

    Para quem se destina este manual 2

    Justificativa 2

    Sobre o programa 4

Etapas ou fases de execução 7

Treinamento 9

    Sessão 1 – Percepção de tempo parte 1 11

    Sessão 2 – Percepção de tempo parte 2 15

    Sessão 3 – Organização de tempo parte 1 19

    Sessão 4 – Organização de tempo parte 2 25

    Sessão 5 – Gerenciamento de tempo parte 1 29

    Sessão 6 – Gerenciamento de tempo parte 2 33

    Sessão 7 – Gerenciamento de tempo parte 3 37

    Sessão 8 – Gerenciamento de tempo parte 4 41

    Sessão 9 – Gerenciamento de tempo parte 5 45

    Sessão 10 – Gerenciamento de tempo parte 6 49

Referências bibliográficas 53

Apêndice 55

Anexos 59

    Formulário A: Mapeamento da rotina 61

    Formulário B: Mapeamento da rotina e emoções 63

Índice remissivo 65

Slides 67

APRESENTAÇÃO DA SÉRIE
PSICOLOGIA E NEUROCIÊNCIAS

O processo do ciclo vital humano se caracteriza por um período significativo de aquisições e desenvolvimento de habilidades e competências, com maior destaque para a fase da infância e adolescência. Na fase adulta, a aquisição de habilidades continua, mas em menor intensidade, figurando mais a manutenção daquilo que foi aprendido. Em um terceiro estágio, vem o cenário do envelhecimento, que é marcado, principalmente, pelo declínio de várias habilidades. Este breve relato das etapas do ciclo vital, de maneira geral, contempla o que se define como um processo do desenvolvimento humano normal, ou seja, adquirimos capacidades, mantemos por um tempo e declinamos em outro.

No entanto, quando nos voltamos ao contexto dos transtornos mentais, é preciso considerar que tanto os sintomas como as dificuldades cognitivas configuram-se por impactos significativos na vida prática da pessoa portadora de um determinado quadro, bem como de sua família. Dados da Organização Mundial da Saúde (OMS) destacam que a maioria dos programas de desenvolvimento e da luta contra a pobreza não atinge as pessoas com transtornos mentais. Por exemplo, de 75 a 85% dessa população não tem acesso a qualquer forma de tratamento da saúde mental. Deficiências mentais e psicológicas estão associadas a taxas de desemprego elevadas a patamares de 90%. Além disso, essas pessoas não têm acesso a oportunidades educacionais e profissionais para atender ao seu pleno potencial.

Os transtornos mentais representam uma das principais causas de incapacidade no mundo. Três das dez principais causas de incapacidade em pessoas entre as idades de 15 e 44 anos são decorrentes de transtornos mentais, e as outras causas são muitas vezes associadas com estes transtornos. Estudos tanto prospectivos quanto retrospectivos enfatizam que de maneira geral os transtornos mentais começam na infância e adolescência e se estendem à idade adulta.

Tem-se ainda que os problemas relativos à saúde mental são responsáveis por uma grande quantidade de mortalidade e incapacidade, tendo participação em cerca de 8,8 a 16,6% do total da carga de doença devido às condições de saúde em países de baixa e média renda, respectivamente. Poderíamos citar como exemplo a ocorrência da depressão, com projeções de ocupar a segunda maior causa de incidência de doenças em países de renda média e a terceira maior em países de baixa renda até 2030, segundo a OMS.

Entre os problemas prioritários de saúde mental, além da depressão estão a psicose, o suicídio, a epilepsia, a demência, os problemas decorrentes do uso de álcool e drogas e os transtornos mentais na infância e adolescência. Nos casos de crianças com quadros psiquiátricos, estas tendem a enfrentar dificuldades importantes no ambiente familiar e escolar, além de problemas psicossociais, o que por vezes se estende à vida adulta.

Considerando tanto os declínios próprios do desenvolvimento normal quanto os prejuízos decorrentes dos transtornos mentais, torna-se necessária a criação de programas de intervenções que possam minimizar o impacto dessas condições. No escopo das ações, estas devem contemplar programas voltados para os treinos cognitivos, habilidades socioemocionais e comportamentais.

Com base nesta argumentação, o Serviço de Psicologia e Neuropsicologia do Instituto de Psiquiatria do Hospital das Clínicas da Universidade de São Paulo, em parceria com a Editora Manole, apresenta a série *Psicologia e Neurociências*, tendo como população-alvo crianças, adolescentes, adultos e idosos.

O objetivo desta série é apresentar um conjunto de ações interventivas voltadas inclusive para pessoas portadoras de quadros neuropsiquiátricos com ênfase nas áreas da cognição, socioemocional e comportalmental, além de orientações a pais e professores.

O desenvolvimento dos manuais foi pautado na prática clínica em instituição de atenção a portadores de transtornos mentais por equipe multidisciplinar. O eixo temporal das sessões foi estruturado para 12 encontros, os quais poderão ser estendidos de acordo com a necessidade e a identificação do profissional que conduzirá o trabalho.

Destaca-se que a efetividade do trabalho de cada manual está diretamente associado com a capacidade de manejo e conhecimento teórico do profissional em relação à temática a qual o manual se aplica. O objetivo não representa a ideia de remissão total das dificuldades, mas sim, da possibilidade de que o paciente e seu familiar reconheçam as dificuldades peculiares de cada quadro e possam desenvolver estratégias para uma melhor adequação à sua realidade. Além disso, ressaltamos que os diferentes manuais podem ser utilizados em combinação.

Os Editores

CONTEÚDO COMPLEMENTAR

Os *slides* coloridos (pranchas) em formato PDF para uso nas sessões de atendimento estão disponíveis em uma plataforma digital exclusiva (https://https://conteudo-manole.com.br/cadastro/conversando-com-os-pais).

Utilize o *QR code* abaixo, digite o *voucher* **compromisso** e cadastre seu *login* (*e-mail*) e senha para ingressar no ambiente virtual.

O prazo para acesso a esse material limita-se à vigência desta edição.

INTRODUÇÃO

Este manual é o primeiro de uma série de manuais desenvolvidos a partir do trabalho interdisciplinar de profissionais da terapia ocupacional e da psicologia, *experts* em saúde mental, neurociência cognitiva e reabilitação cognitiva, realizado no ambulatório de um hospital-escola terciário da cidade de São Paulo.

O trabalho conjunto da terapia ocupacional e da psicologia na abordagem dos transtornos mentais e das incapacidades resultou na criação de um programa de intervenção destinado especificamente ao gerenciamento de tempo para pacientes com transtorno mental grave (TMG), suprindo uma lacuna existente, com o objetivo de complementar outras abordagens focadas no processo de reabilitação cognitiva funcional da pessoa em sofrimento mental.

O gerenciamento de tempo é uma habilidade que compreende a capacidade de planejar, priorizar e executar tarefas de forma eficiente, otimizando o uso do tempo disponível. É, portanto, uma habilidade fundamental para o desempenho das atividades cotidianas. Condições de saúde mental como transtornos psicóticos, de ansiedade, de depressão, de estresse, dependência química, transtorno do déficit de atenção e hiperatividade (TDAH), entre outros, podem afetar a capacidade de uma pessoa de gerenciar o tempo e realizar tarefas de maneira eficaz.

O Programa de Gerenciamento de Tempo (PGT), portanto, foi desenvolvido para integrar as diferentes intervenções para a reabilitação cognitiva e funcional e focar no melhor planejamento e administração do tempo, auxiliando o paciente a completar os compromissos do dia com vistas a uma participação mais plena nas situações de vida.

Cabe enfatizar que este programa pode ser aplicado a outras populações que apresentem incapacidades no gerenciamento de tempo, pela má administração e organização do tempo, trazendo prejuízos para suas atividades e participação.

Proposta

Esta proposta de intervenção interdisciplinar surgiu da experiência do trabalho conjunto de duas terapeutas ocupacionais e uma psicóloga, realizando atendimentos em grupos terapêuticos, em ambulatório para pacientes adultos e idosos com diagnóstico de transtorno mental grave e presença de incapacidades cognitivas e funcionais.

O objetivo aqui é descrever ações para programas de intervenção para o treinamento de habilidades de gerenciamento de tempo com foco para as ocupações e organização da rotina de pacientes adultos e idosos com ou sem diagnóstico de TMG e presença de incapacidades.

Para quem se destina este manual

Este manual deve ser usado por profissionais de saúde, com experiência de trabalho com pessoas adultas e idosas, com conhecimento em neurociência cognitiva, e treinado para a sua aplicação tanto em consultórios quanto em instituições públicas ou privadas, em formato individual ou para grupo de pessoas.

Se você estiver usando este manual fora do contexto de treinamento e supervisão, é aconselhável consultar as referências para obter uma lista de profissionais que possam fornecer supervisão e treinamento adequados.

Nas referências bibliográficas há sugestões de materiais de apoio à leitura para melhor embasamento das teorias e execução do programa. É importante ressaltar que, se o profissional de saúde qualificado identificar a necessidade, pode adaptar e ajustar o programa às demandas específicas de um grupo ou de determinado paciente.

Justificativa

O gerenciamento de tempo é um elemento fundamental para a realização de atividades e a participação bem-sucedida e, consequentemente, para a funcionalidade. Inclui as funções mentais de ordenar eventos em sequência cronológica e alocar tempo para eventos e atividades[1]. Além disso, a experiência subjetiva do tempo relaciona-se com estado emocional e difere do tempo físico[2], sendo este apoiado em unidades de tempo que fornecem estrutura externa, como calendário, relógio e outros. Para gerenciar seu tempo com sucesso, é preciso que a pessoa conheça seus padrões atuais de uso do tempo[3] para depois estabelecer suas metas e prioridades. Além disso, a noção de tempo é uma habilidade cognitiva complexa que se desenvolve a partir da experiência, influenciada por fatores biológicos, culturais e ambientais. O bebê começa a desenvolver a noção de tempo a partir dos estímulos sensoriais e das rotinas diárias (alimentar-se, dormir, por exemplo). Conforme a criança amadurece, sua noção de duração do tempo se aprimora, por exemplo, ao observar os minutos passarem em um relógio e aprendem a noção de passagem do tempo, que é irreversível. O ambiente é um elemento importante no desenvolvimento da temporalidade, na medida em que se percebem os ciclos diários (dia e noite), as estações do ano e assim por diante. Fatores de motivação e estados mentais também interferem no gerenciamento de tempo.

Tendo em vista a importância da melhora da funcionalidade, qualidade de vida e bem-estar das pessoas adultas e idosas com dificuldades de temporalidade, o treinamento do gerenciamento de tempo é fundamental para o processo de reabilitação. Este programa visa, por meio da reabilitação cognitiva funcional, identificar prejuízos e dificuldades dos participantes e ensinar melhores formas para administração e organização das atividades de rotina em relação ao tempo, tentando torná-los cada vez mais capazes de controlar o seu tempo e cumprir os seus compromissos e, ainda, torná-los menos dependentes de outras pessoas.

Sobre o programa

Este programa é dirigido a pessoas adultas e idosas com presença de incapacidades cognitivas e funcionais associadas ao gerenciamento de tempo, com idade igual ou superior a 18 anos, com ou sem diagnóstico de transtorno mental grave associado, e que apresentam prejuízos na rotina e perda de controle para assumir compromissos em um determinado espaço de tempo, além de dificuldades quanto à regulação das emoções e da capacidade de priorizar importâncias e ter flexibilidade para ajustar mudanças.

Foi desenhado por terapeutas ocupacionais especializadas para ser aplicado em distintos serviços de saúde que atendam a essa demanda, visando a melhora do gerenciamento de tempo e da organização da rotina, favorecendo a máxima autonomia e independência no cumprimento das atividades e participação.

Este programa de intervenção é interdisciplinar, consta de 10 sessões distribuídas em três módulos voltados para o gerenciamento de tempo e melhora da organização da rotina. Cada módulo representa uma das habilidades necessárias para o desenvolvimento da capacidade de gerenciamento de tempo:

- Percepção de tempo (Sessões 1 e 2).
- Organização de tempo (Sessões 3 e 4).
- Gerenciamento de tempo (Sessões 5 a 10).

Está embasado na Classificação Internacional de Funcionalidade, Incapacidade e Saúde – CIF[1] e no programa de intervenção da Dra. Suzanne M. White, MA, OTR/R, FAOTA, *Let´s Get Organized!*, nos conhecimentos da neurociência cognitiva e da neuropsicologia[4].

Os participantes devem sempre ser avaliados antes e depois do programa de intervenção e, também, após três meses do seu término, por meio de instrumentos validados, de cognição e funcionalidade; e questionários de rotina, como os instrumentos de avaliação sugeridos listados no Apêndice. O monitoramento das avaliações se faz constante durante todo o progresso das sessões.

As atividades do programa de intervenção deste manual consideraram sua aplicação às pessoas adultas e idosas, com ou sem TMG, com presença de incapacidades cognitivas e funcionais e prejuízos na rotina e nas ocupações, em decorrência da falta de administração e organização em relação ao tempo.

Este programa pode ser desenvolvido em qualquer tipo de serviço que atende pessoas adultas e idosas com dificuldades em relação a tempo e que tenha um profissional de saúde especializado e treinado para o programa, como em serviços especializados, consultórios particulares, Centros de Atenção Psicossocial (CAPS), ambulatórios de especialidades, hospitais-dia e enfermarias.

Desta forma, este manual constitui-se em uma ferramenta de intervenção complementar para o manejo clínico de pessoas adultas e idosas, com ou sem TMG, e com presença de incapacidades associadas à dificuldade de gerenciamento de tempo, visto a cumprir seus objetivos de contribuir para a melhora da participação e organização da rotina, por meio do treino das habilidades de gerenciamento de tempo.

O programa de intervenção proposto neste manual não deve ser isolado de outras terapêuticas, também fundamentais ao tratamento de saúde e reabilitação, como do acompanhamento de médico, terapeuta ocupacional, psicólogo(a), fisioterapeuta, fonoaudiólogo(a), entre outras áreas profissionais.

Nada impede que o número de sessões se prolongue em decorrência das demandas especiais dos participantes ou da necessidade de maior tempo para execução dos exercícios propostos. Cada grupo terá seu ritmo e nível de desempenho cognitivo funcional, portanto, o aumento do número de sessões é livre e deve ser acompanhado também dos acréscimos das tarefas de casa, sempre com o mesmo teor da sessão, a fim de aperfeiçoar o aprendizado em casa.

ETAPAS OU FASES DE EXECUÇÃO

Recepção dos encaminhamentos	Os encaminhamentos podem vir de qualquer profissional da área da saúde que identifique que o paciente tenha dificuldades para gerenciar o tempo, e com prejuízos nas ocupações e rotina	O número de participantes por grupo pode variar de acordo com a disponibilidade de espaço e número de profissionais por pacientes e conforme o grau de comprometimento deles e da necessidade de apoio
Convocação dos pacientes	Após o recebimento dos encaminhamentos, realizar o contato com o paciente e/ou familiares e/ou cuidadores. Nesse contato deve-se confirmar o interesse e a disponibilidade para o agendamento da triagem	O contato pode ser por telefone, por email, aplicativos de comunicação ou pessoalmente dentro da instituição e/ou serviço de saúde
Anamnese	Avaliação Individual. Momento de levantamento da história de vida, com ênfase para as habilidades cognitivo-funcionais e as competências para as ocupações e rotina. Quando necessário, há a participação de um familiar ou cuidador	Tempo médio: 2 horas

(continua)

(continuação)

Avaliação interdisciplinar	Aplicação da bateria de avaliações cognitivas e funcionais; e de diários de rotinas	Tempo médio: 2 horas
Execução do programa	Sugere-se ao menos 4 participantes para ser realizado em grupo	Duração: 10 semanas com 1 sessão por semana com duração média de 1 hora e 30 minutos cada
Avaliação final	Após a finalização do grupo, os pacientes e familiares e/ou responsáveis passam novamente pelas mesmas avaliações iniciais. Essas escalas são passíveis de comparação	Tempo médio: 2 horas
Avaliação *follow-up*	Sugere-se novas avaliações após três meses do término do grupo, com reaplicação dos instrumentos usados no início e no fim do programa (para supervisionar o efeito nas habilidades e rotina)	Tempo médio: 2 horas

TREINAMENTO

SESSÃO I – PERCEPÇÃO DE TEMPO PARTE I

Objetivo
Estimular o autoconhecimento quanto ao uso do tempo e aos horários em que a pessoa apresenta melhor nível de funcionamento no dia.

Material
Apostila (*slide* 1.1, pág. 68); formulários de mapeamento da rotina (*slide* 1.2, pág. 68) e formulário de rotina e emoções (*slide* 1.3, pág. 69).

Esta sessão faz referência à "fotografia" da rotina atual, ou seja, um panorama das atividades que compõem a rotina do participante.

Inicia-se a sessão com a apresentação dos participantes e dos profissionais de saúde responsáveis, dos objetivos do programa e com uma breve descrição das atividades de cada sessão. Neste momento inicia-se o vínculo terapêutico.

Realiza-se um bate-papo sobre a compreensão de rotina e gerenciamento de tempo, seguido da elaboração do mapeamento das atividades realizadas no dia a dia. Para esta atividade é entregue um formulário semiestruturado para descrição das tarefas rotineiras, com marcadores de tempo (*slide* 1.2, pág. 68).

A partir do mapeamento é possível discutir as dificuldades enfrentadas quanto ao cumprimento das tarefas e responsabilidades e as emoções envolvidas.

Ao final da sessão é ofertada a eles uma apostila de tarefas de casa para o uso durante o período do programa.

Pedir a eles que anotem a tarefa de casa: sinalizar as dificuldades vividas durante a semana em relação ao gerenciamento de tempo e a não realização de tarefas por causa de sua má administração. Além de contextualizar com as suas emoções.

Mediação

- É importante que haja recursos visuais que auxiliem no gerenciamento de tempo (ex.: calendários, relógios, iluminação natural e outros) no ambiente de realização do grupo.
- Deve-se conferir se há materiais e móveis suficientes para todos os participantes.
- As apostilas devem estar montadas previamente para serem distribuídas no final desta sessão.
- Os profissionais responsáveis devem ficar atentos a qualquer desconforto entre os participantes e o ambiente durante toda sessão.
- É importante questionar a percepção da sensação de passagem do tempo em toda a sessão.
- Os profissionais podem efetuar adaptações nas tarefas ou utilizar recursos de tecnologia assistiva para esta ou para as próximas sessões, conforme as necessidades especiais.

Instruções gerais para todos os exercícios da sessão

- Para todas as etapas desta sessão, é necessário aguardar as instruções dos profissionais.
- O bate-papo é livre. Fala o participante que se sentir mais à vontade. É importante que o profissional estimule a participação de todos.
- Ao final das atividades, pedir aos participantes que comentem sobre a sessão realizada e a noção de tempo.
- No final da sessão, apresentar a tarefa de casa, com uma breve explicação da proposta e orientação da sua importância, já que ela dará início à sessão seguinte. O profissional deve questionar se há dúvidas quanto à tarefa para casa.

Não esqueça

É importante solicitar a atividade para ser feita em casa com uso da apostila como apoio. Caso haja necessidade de colocar alguma observação ou comentário durante a tarefa de casa, pedir que o participante coloque em seguida da atividade.

Instruções para o exercício

- A fase de autoconhecimento é estimulada a partir da descrição da rotina atual.
- É importante informar aos participantes que este primeiro contato é para conhecimento de sua rotina e das dificuldades em relação à administração do tempo.
- Ofertar como exercício o formulário de mapeamento das atividades rotineiras (*slide* 1.2, pág. 68), com os marcadores de tempo e tarefas.
- Após a realização da "fotografia" atual da rotina, abrir uma roda de conversa quanto às dificuldades relacionadas ao tempo e não cumprimento das tarefas, além das emoções envolvidas.
- Nesta sessão os terapeutas apenas mediam as atividades, sem interferir.

Fechamento

Esta sessão deve ser finalizada com o planejamento da próxima sessão e uma breve explicação da proposta: a continuação das atividades de autoconhecimento e percepção. Evidencia-se a necessidade da realização da tarefa de casa no processo de aprendizagem e do aperfeiçoamento para o gerenciamento de tempo, lembrando que elas darão início às sessões seguintes.

Instruções para a tarefa de casa para a próxima sessão

- Entregar a apostila. Explicar a tarefa de casa. Pedir que anotem na apostila.
- Pedir para anotarem as instruções dadas pelos profissionais para os exercícios a serem feitos em casa (observação: é de responsabilidade de cada participante anotar a tarefa dada, a não ser que necessite de ajuda.)
- Quando necessário, os cuidadores e/ou responsáveis devem ser informados da existência desta apostila com as tarefas de casa e a sua função para o tratamento (recurso de auxílio ao aprendizado dos exercícios).
- Explicar a todos os participantes que esta apostila deve ser de uso exclusivo para este programa. Ela deve ser trazida em todas as sessões.
- Os participantes são responsáveis por verificar semanalmente as suas próprias apostilas e por realizarem as suas tarefas de casa. É importan-

te que os exercícios sejam feitos dentro do prazo de uma semana, pois eles darão início às sessões seguintes. Quando necessário, pode haver ajuda dos cuidadores/responsáveis para lembrá-los.

- Orientar que em cada final de sessão será entregue uma nova tarefa de casa e que esta deverá ser anotada.
- Apresentar a proposta de tarefa de casa, o mapeamento de situações vividas ao longo da semana relacionadas à má administração do tempo e suas emoções.

SESSÃO 2 – PERCEPÇÃO DE TEMPO PARTE 2

Objetivo
Estimular a percepção de tempo por meio dos sentidos.

Material
Computador com caixa de som ou rádio; alimentos de diferentes sabores, cheiros e texturas; aquecedores, ventiladores ou ar-condicionado; objetos de diferentes formas e texturas; perfumes ou essências; luzes e imagens contrastantes.

Procedimento

A Sessão 2 inicia-se com a retomada da tarefa de casa, pedida na sessão anterior, quanto à sinalização ou identificação das dificuldades vividas pelos participantes durante a semana em relação ao gerenciamento de tempo e a não realização de tarefas por causa de sua má administração e as emoções envolvidas. É aberta uma roda de conversa mediada pelos profissionais e com estímulo à troca de experiências e dicas entre os participantes. Logo em seguida, é apresentada a proposta de atividades desta sessão, de exploração sensorial.

A percepção sensorial faz referência à entrada da informação do ambiente pelos sentidos no cérebro, que acionam outros processos e podem gerar conforto ou desconforto, impactando na sensação de tempo[5,6,7].

As atividades sensoriais têm como objetivos: identificar dificuldades temporais de percepção do participante e estimular as funções sensoriais (audição, visão, tato, paladar e olfato). Além da orientação sobre tempo e espaço e a identificação das emoções.

As emoções têm forte influência na noção de tempo[8,9,10]. Quanto mais prazerosa é a atividade, maior é a sensação de rapidez de tempo. Por exemplo, se alguém gosta de jogar baralho, essa pessoa se envolve na atividade a tal ponto de não perceber que esta teve duração de duas horas e a pessoa tem a falsa sensação de menor tempo.

Buscamos, portanto, compreender como cada participante vivencia o tempo, o seu tempo mental, que é a maneira como o cérebro percebe a passagem do tempo. O sistema cerebral de passagem de tempo é flexível, individual e leva em conta questões relacionadas às emoções, às expectativas, os prazeres e às exigências de cada tarefa naquele período e naquelas condições ambientais.

Os exercícios desta sessão consistem, portanto, em explorações sensoriais, para identificação de possíveis déficits ou prejuízos associados à percepção do tempo e à estimulação dos sentidos, a fim de melhorar o desempenho ocupacional para rotina e contribuir para um melhor gerenciamento de tempo.

Mediação

- É importante sempre averiguar antes do início da sessão se o espaço está livre de qualquer interrupção ou imprevisto e se o espaço está livre de qualquer fator ambiental que possa interferir nos sentidos.
- Conferir se a iluminação natural do ambiente está adequada às propostas da sessão.
- Conferir se há materiais e móveis suficientes para todos os participantes.
- Os profissionais devem ficar atentos a qualquer desconforto entre os participantes e o ambiente durante a sessão.
- É importante questionar a percepção da sensação de tempo em toda a sessão.
- Os profissionais podem efetuar adaptações nas tarefas ou utilizar recursos de tecnologia assistiva para esta ou para as próximas sessões, conforme as necessidades especiais.

Instruções gerais para todos os exercícios da sessão

- Para todas as etapas desta sessão, é necessário aguardar as instruções dos profissionais.
- Ao final da sessão pedir aos participantes que comentem sobre as atividades, por meio de um bate-papo. Esta conversa é livre. Permitir que fale o participante que se sentir mais à vontade. É importante que o profissional estimule a todos que participem.

- A roda de conversa deve ter como tema principal a dificuldade na realização e o cumprimento de compromissos em decorrência do mau gerenciamento do tempo.
- No final da sessão, apresentar a tarefa de casa com uma breve explicação da proposta e orientação da sua importância, já que ela dará início à sessão seguinte. O profissional deve questionar se há dúvidas quanto à tarefa para casa.

Não esqueça

No começo da sessão, é importante retomar a tarefa de casa e averiguar com os participantes se houve dificuldades durante a sua execução. No final do atendimento, é importante solicitar a atividade para ser feita em casa com uso da apostila como apoio. Caso haja necessidade de colocar alguma observação ou comentário durante a tarefa de casa, pedir que o participante coloque em seguida da atividade.

Instruções para o exercício

- A fase de exploração sensorial consiste de atividades planejadas para estimulação auditiva, visual, tátil, olfativa e gustativa (*slide* 2.1, pág. 69).
- Convidar os participantes para realizarem uma mesma atividade, diferente do habitual ou que nunca tenham vivenciado em outros espaços. É importante tentar criar uma atividade diferente, para estimular o aprendizado e fomentar os sentidos para a exploração do novo.
- Um exemplo de atividade nova pode ser a vivência em um ambiente fechado e controlado, com espaço livre para circulação e estímulos sensoriais provocados, controlados em intensidade, frequência e tempo de permanência, como luzes, sons, cheiros, temperaturas e consistências.
- Nesta sessão criar um espaço fechado em sala, com estímulos auditivos com sons (do lento ao agitado – ritmo e movimento), olfativos com cheiros (do suave ao intenso), visual com imagens (do claro ao escuro – entre leve ao intenso); gustativo com sabores (do suave ao forte – entre o doce e o amargo) e táteis com texturas (suaves a ásperas).
- Durante toda a atividade é importante observar os comportamentos dos participantes em resposta aos estímulos; e se há mudanças. Ficar

atento a qualquer desconforto. Antes do início da atividade, é importante perguntar a todos se apresentam algum problema quanto às questões sensoriais (explicar a situação).

- Os profissionais devem, ao final da atividade, questionar o grupo sobre a noção de tempo, o desejo de permanecer mais ou menos em um determinado estímulo e a percepção das sensações.

Observação: avaliar a necessidade do uso de dispositivos de auxílio, conforme as necessidades de cada participante.

Fechamento

Esta sessão deve ser finalizada com o planejamento da próxima sessão e uma breve explicação da proposta: orientação do tempo e espaço. Evidencia-se a necessidade da realização das tarefas de casa no processo de aprendizagem para o melhor gerenciamento de tempo e da rotina, lembrando que elas darão início às sessões seguintes.

Instruções para a tarefa de casa para a próxima sessão

- Explicar a tarefa de casa. Pedir que anotem na apostila (*slide* 2.2, pág. 70).
- Mapeamento do tempo utilizado para execução de algumas tarefas do dia a dia: o participante deve estimar o tempo que gastou para realizar uma tarefa, sem consultar nenhum dispositivo a fim de relacionar as emoções com a vivência do tempo.

Por exemplo:
- Durante as refeições, de pratos mais saborosos aos menos saborosos, conforme as suas preferências.
- Durante o trajeto para compromissos, dos mais prazerosos aos menos prazerosos, conforme as suas preferências.
- Durante a realização de uma atividade doméstica, da mais interessante à menos interessante, conforme as suas preferências.
- Durante a realização de uma atividade de lazer, de sua escolha ao do outro, conforme as suas preferências.

SESSÃO 3 – ORGANIZAÇÃO DE TEMPO PARTE I

Objetivo
Estimular a orientação tempo e espaço.

Material
Mapas (impresso ou digital), agendas, relógio, calendários.

Procedimento

A Sessão 3 inicia-se com a retomada da tarefa de casa, solicitada na sessão anterior, quanto a noção de tempo gasto durante a execução de uma atividade prazerosa ou não, e suas emoções. É aberta uma roda de conversa mediada pelos profissionais e com estímulo à troca de experiências e dicas entre os participantes. Logo em seguida, é apresentada a proposta de atividades da sessão, de treino para orientação de tempo e espaço.

Esta sessão faz referência à noção de orientação de tempo e espaço. A orientação de tempo é a capacidade de processamento da organização do tempo (duração, ordem, sucessão e ritmo). A orientação espacial é a capacidade de se situar no ambiente, quanto ao local e a composição de sensações – emoções, objetos e pessoas alocadas neste[11].

A organização de tempo em si é algo abstrato e de difícil aprendizagem. Essa habilidade nos ajuda a situar nosso corpo, nossos movimentos e ações, em relação ao espaço. Faz-nos perceber nosso ritmo em relação ao que está acontecendo no ambiente e aquilo que estamos executando; ou seja, como estamos agindo ou nos comportando em relação às exigências da atividade e do meio. Se estamos em uma frequência funcional ideal (para mais, menos ou compatível) às demandas (ao de executar uma atividade: vestir uma roupa;

costurar um vestido; escrever um *e-mail* e outras) e em relação a situações do ambiente (falta de um material ou objeto de trabalho, dia chuvoso, tráfego de carros intensos, greve do metrô, compromisso agendado – consulta médica,urgência decorrente de um acidente e outros), quanto tempo gastamos nisso e se concluímos com êxito e em segurança.

A relação de tempo e espaço será trabalhada nesta sessão de forma individual e depois associada a fim de trabalhar a organização de tempo para execução de uma tarefa ou o cumprimento de um compromisso.

Mediação

- É importante sempre averiguar antes do início da sessão se os materiais que serão utilizados são suficientes para todos os participantes e se o ambiente está totalmente seguro.
- Os profissionais devem ficar atentos a qualquer desconforto entre os participantes e o ambiente durante a sessão. Ainda mais quando se refere a sair do ambiente terapêutico protegido para ir a outros espaços, desacompanhados.
- É importante questionar a percepção da sensação de passagem do tempo e as emoções em toda a sessão.
- Os profissionais podem efetuar adaptações nas tarefas ou utilizar recursos de tecnologia assistiva para esta ou para as próximas sessões, conforme as necessidades especiais.

Instruções gerais para todos os exercícios da sessão

- Para todas as etapas desta sessão, é necessário aguardar as instruções dos profissionais (*slide* 3.1, pág. 70).
- Não acessar nenhuma forma de instrumento de marcação de tempo e horas durante a primeira atividade externa para orientação tempo e espaço, a fim de garantir a fidedignidade dos dados obtidos no exercício.
- Pedir que os participantes não ultrapassem os limites do território estipulado pelos profissionais ao se referir à realização das atividades externas (é importante durante a explicação da tarefa externa delimitar o espaço que poderá ser explorado pelos participantes). Claro, se houver alguma necessidade de acompanhamento, este deve ser dado pelos profissionais.

- Ao final das atividades, pedir aos participantes que comentem sobre a sessão, por meio de uma roda de conversa. O bate-papo é livre. Fala o participante que se sentir mais à vontade, mas é importante que o profissional estimule a participação de todos.
- A roda de conversa deve ter como tema principal a dificuldade de noção de tempo.
- No final da sessão, apresentar a tarefa de casa, com uma breve explicação da proposta e orientação da sua importância, já que ela dará início à sessão seguinte. O profissional deve questionar se há dúvidas quanto à tarefa para casa.

Não esqueça

No começo da sessão, é importante retomar a tarefa de casa e averiguar com os participantes se houve dificuldades durante a sua execução. No final do atendimento, é importante solicitar a atividade para ser feita em casa com uso da apostila como apoio. Caso haja necessidade de colocar alguma observação ou comentário durante a tarefa de casa, pedir que o participante coloque em seguida da atividade.

Instruções para o exercício

- Para o treino de orientação espacial propor que os participantes se localizem em um determinado mapa (delimitado por região) e sua mobilidade entre o seu domicílio e a sua atual localização (pode ser feito por meio de material impresso ou digital). Neste local, o atual, descrever o ambiente (tudo aquilo que a pessoa identificar presente naquele local, sem a ajuda de outras pessoas).
- Para o treino de orientação temporal, propor o uso de agenda, relógio e calendário. Para a agenda, propor que anotem as 10 sessões do programa, conforme a data e o horário dos eventos. Para o relógio, pedir que agendem as 10 sessões e sinalizem com alarmes. No calendário, pedir que identifiquem e sinalizem de vermelho as 10 sessões.
- Para a orientação de tempo e espaço, pedir aos participantes que saiam do ambiente e busquem realizar qualquer atividade extrassala; e que retornem após 15 minutos (sem a ajuda de qualquer instrumento de sinalização de tempo). Depois do retorno, solicitar novamente que eles

saiam da sala e realizem outra ou a mesma atividade, e que retornem após 15 minutos, mas dessa vez utilizando auxílios como mapa do local e relógio.

- Estas atividades variarão conforme as oportunidades do ambiente, como de ir a uma lanchonete, à biblioteca, à recepção etc. Ofertar, portanto, dois momentos de atividades externas, de 15 minutos cada, um com uso de recursos de auxílio e outro sem, a fim de comparação quanto à orientação tempo e espaço.

> Observação: na primeira atividade externa, pedir a todos os participantes para deixarem na sala celulares, relógios e outros dispositivos de marcação de tempo e hora. Na segunda, pedir que utilizem estes dispositivos e os levem com eles.

Fechamento

Esta sessão deve ser finalizada com o planejamento da próxima sessão e uma breve explicação da proposta: a continuação do treino para orientação tempo e espaço e a solicitação e orientação para a tarefa de casa. Evidencia-se a necessidade da realização das tarefas de casa no processo de aprendizagem para o melhor gerenciamento de tempo e da rotina, lembrando que elas darão início às sessões seguintes.

Instruções para a tarefa de casa para a próxima sessão

- Explicar a tarefa de casa. Pedir que anotem na apostila (*slide* 3.2, pág. 71).
- Pedir que experimentem as suas atividades do dia a dia, estimando mentalmente o tempo de permanência em cada atividade (que suponham o tempo que gastaram nesta atividade).
- Pedir que anotem as informações na apostila: o horário de início da atividade com auxílio de relógio e o período de tempo que imaginam ter gasto para realizar a atividade sem auxílio de relógio. Por fim, de modo a compararem sua estimativa, pedir para consultarem o relógio e anotarem o horário final.

- Primeiro: observar e anotar o horário de início da atividade.
- Segundo: tentar estimar o horário do fim da atividade, diante da sensação de tempo gasto para a sua execução, e anotar.
- Terceiro: averiguar o horário correto e anotar.
- Quarto: comparar os horários estimados com os horários reais, levando em conta a sensação de tempo de duração.

- É importante que esse treino seja feito em diferentes tarefas, prazerosas e não prazerosas, novas e habituais.
- É importante sinalizar em cada tarefa se é de gosto ou não, habitual ou não, e como o participante estava emocionalmente no momento da execução (ex.: triste, alegre, calmo, agitado, nervoso etc.).

SESSÃO 4 – ORGANIZAÇÃO DE TEMPO PARTE 2

Objetivo
Estimular a orientação tempo e espaço.

Material
Equipamentos de multimídia (computador, caixas de som e UBS ou internet; ou TV com USB e *pendrive* ou internet).

Procedimento

A Sessão 4 inicia-se com a retomada da tarefa de casa, pedida na sessão anterior, de orientação de tempo e espaço. É aberta uma roda de conversa pelos profissionais, com estímulo à troca de experiências e dicas entre os participantes. Logo em seguida, são apresentadas as propostas de atividades da sessão, com a continuidade do treino para orientação de tempo e espaço.

Essa sessão, portanto, complementa os exercícios de orientação de tempo e espaço desenvolvidos na sessão anterior. Também tem como foco trabalhar a gestão de tempo em relação às funções cognitivas. Ou seja, treinar a noção de regulação do tempo a partir das experiências individuais.

Serão propostas atividades que remetam à autorregulação do tempo a partir de experiências associadas aos ciclos de período do dia, ao clima e às estações do ano, e outros que se relacionem a compressão de fatores naturais.

Mediação

- É necessário, sempre, antes da sessão, averiguar se os materiais que serão utilizados são suficientes para todos os participantes e se o ambiente está totalmente seguro.

- É importante questionar a percepção da sensação de tempo em toda a sessão.
- Os profissionais podem efetuar adaptações nas tarefas ou utilizar recursos de tecnologia assistiva para esta ou para as próximas sessões, conforme as necessidades especiais.

Instruções gerais para todos os exercícios da sessão

- Para todas as etapas desta sessão, é necessário aguardar as instruções dos profissionais.
- Antes da passagem do(s) trecho(s) do(s) filme(s), deixar claro que ficam proibidos comentários ou conversas paralelas que possam interferir na atividade, a menos que seja algo relevante sobre a sua saúde.
- Ao final das atividades, deve ser pedido aos participantes que comentem sobre a sessão, por meio de um bate-papo.
- A roda de conversa é livre, a fim de promover trocas entre os participantes. Fala o participante que se sentir mais à vontade, mas é importante que o profissional estimule a participação de todos.
- A roda de conversa deve ter como tema principal a dificuldade de perceber as interferências naturais do ambiente na gestão de tempo.
- No final da sessão, apresentar a tarefa de casa, com uma breve explicação da proposta e orientação da sua importância, já que ela dará início à sessão seguinte. O profissional deve questionar se há dúvidas quanto à tarefa para casa.

Não esqueça

No começo da sessão é importante retomar a atividade de casa e averiguar com os participantes se houve dificuldades durante a sua execução. No final do atendimento é importante solicitar a tarefa para ser feita em casa com uso da apostila como apoio. Caso haja necessidade de colocar alguma observação ou comentário durante a tarefa de casa, pedir que o participante coloque em seguida da atividade.

Instruções para o exercício

- Roda de conversa sobre o conhecimento dos participantes sobre os ciclos do período do dia (manhã, tarde e noite); dos meses correspondentes a cada estação do ano (ex.: dezembro, janeiro, fevereiro e março fazem referência ao verão) e suas manifestações climáticas (no verão, por exemplo, dias quentes e presença de chuvas ao final do dia); e outros fatores relacionados à natureza (*slide* 4.1, pág. 71).
- Em continuidade, pedir aos participantes que relatem as suas vivências por atividades conforme as experiências naturais, com foco na regulação das funções mentais diante de situações diversas de tempo e clima.
- Disponibilizar nesta sessão trechos de um filme ou mais que ilustrem as mudanças de comportamentos de um indivíduo ou grupo associados às variações climáticas ou naturais do ambiente (ex.: vestir um casaco quando a temperatura esfria, abrir um guarda-chuva quando começa a chover, o preparo do café da manhã no início da manhã etc.).

> Observação: as indicações de filmes encontram-se no Apêndice.

Fechamento

Esta sessão deve ser finalizada com o planejamento da próxima sessão e uma breve explicação da nova proposta de atividade sobre orientação de tempo e espaço. Evidencia-se a necessidade da realização das tarefas de casa no processo de aprendizagem para o melhor gerenciamento de tempo e da rotina, lembrando que elas darão início às sessões seguintes.

Instruções para a tarefa de casa para a próxima sessão

- Apresentar a tarefa de casa. Pedir que anotem na apostila.
- Mapeamento das mudanças de comportamento associados às variações climáticas ou naturais (*slide* 4.2, pág. 72).
- Identificação das habilidades de autorregulação das emoções e comportamento em resposta aos períodos do dia, ao tempo e ao clima (ex.: "pela manhã percebo que consigo aproveitar melhor uma leitura e me

sinto feliz"; "à noite me sinto mais disposto para fazer uma atividade física"; "no inverno tenho mais dificuldade para sair da cama e chegar a tempo no meu trabalho e isso me deixa irritado e sem vontade"; "no início do verão nunca me lembro de levar o guarda-chuva e fico nervoso quando pego chuva"; e outras situações do dia a dia).

- Pedir aos participantes que tragam uma agenda para a próxima sessão (é importante reforçar que ela deve ser atual, do ano vigente).

SESSÃO 5 – GERENCIAMENTO DE TEMPO PARTE I

Objetivo
Treino de funções executivas.

Material
Agenda, relógio, marcadores (canetas, fitas, adesivos etc.).

Procedimento

A Sessão 5 inicia-se com a retomada da tarefa de casa, pedida na sessão anterior, de orientação de tempo e espaço. É aberta uma roda de conversa pelos profissionais com estímulo à troca de experiências e dicas entre os participantes. Logo em seguida, são apresentadas as propostas de atividades da sessão, de treino para as funções executivas.

As funções executivas são as habilidades cognitivas necessárias para realizar comportamentos complexos dirigidos para determinado objetivo e a capacidade adaptativa às mudanças ambientais, ou seja, estão envolvidas no planejamento, iniciação, seguimento e monitoramento de comportamentos complexos dirigidos a um fim[12,13,14].

O primeiro momento da Sessão 5 acontece em roda de conversa sobre o uso de recursos de apoio ou de estratégias para organização da rotina e cumprimento das atividades. Solicitar aos participantes que relatem os meios (ou estratégias) usados por eles para auxiliarem na sua organização durante o dia e ao longo da semana; e se conseguem melhor cumprir as suas responsabilidades com uso deles. Além, é claro, da presença de frustrações quanto ao mau uso de recursos.

Após a roda de conversa, dar a eles uma atividade sobre o uso de agenda – quanto ao seu manuseio e importância no gerenciamento de tempo.

Mediação

- É importante sempre averiguar antes do início da sessão se os materiais que serão utilizados são suficientes para todos os participantes e se o ambiente está totalmente seguro.
- É importante questionar a percepção da sensação de passagem de tempo e emoções em toda a sessão.
- Os profissionais podem efetuar adaptações nas tarefas ou utilizar recursos de tecnologia assistiva para esta ou para as próximas sessões, conforme as necessidades especiais.

Instruções gerais para todos os exercícios da sessão

- Para todas as etapas desta sessão, é necessário aguardar as instruções dos profissionais.
- As rodas de conversa são livres, a fim de promover trocas entre os participantes. Fala o participante que se sentir mais à vontade, mas é importante que o profissional estimule a a participação de todos. A roda de conversa deve ter como tema principal a dificuldade sobre o uso de recursos de apoio ou estratégias para o gerenciamento de tempo.
- Ao final pedir aos participantes que comentem sobre a sessão, por meio de um bate-papo.
- No final da sessão, apresentar a tarefa de casa, com uma breve explicação da proposta e orientação da sua importância, já que ela dará início à sessão seguinte; e se há dúvidas quanto à tarefa para casa.

Não esqueça

No começo da sessão é importante retomar a tarefa de casa e averiguar com os participantes se houve dificuldades durante a sua execução. No final do atendimento, é importante solicitar a atividade para ser feita em casa com uso da apostila como apoio. Caso haja necessidade de colocar alguma observação ou comentário durante a tarefa de casa, pedir que o participante coloque em seguida da atividade.

Instruções para o exercício

- Pedir a cada participante que apresente a sua agenda e que a explore (*slide* 5.1, pág. 72).
- Após reconhecerem a agenda, pedir que identifiquem a página da data de hoje e a sinalizem com algum marcador externo (fita, adesivo etc.) e que depois sinalizem um período de 7 dias ou uma semana, contando a partir da data de hoje.
- Depois de sinalizado o período de uma semana, pedir que façam a marcação dos eventos ou atividades que eles se lembrem de ter que cumprir por esta semana, com a marcação da data, horário de início e fim, e descrição detalhada da atividade (ex.: "hoje, dia 13 de agosto de 2024, às 9h da manhã, grupo de programa de gerenciamento de tempo").
- Os participantes devem tentar se lembrar de todos os compromissos da semana, sem ajuda, e descrever as informações mais relevantes associadas ao evento.

Fechamento

Esta sessão deve ser finalizada com a apresentação da próxima sessão e uma breve explanação sobre o seu tema, continuidade do treino de funções executivas associadas ao gerenciamento de tempo. Evidencia-se a necessidade da realização das tarefas de casa no processo de aprendizagem para o melhor gerenciamento de tempo e da rotina, lembrando que elas darão início às sessões seguintes.

Instruções para a tarefa de casa para a próxima sessão

- Explicar a tarefa de casa. Pedir que anotem na apostila.
- Pedir que avaliem o cumprimento dos compromissos sinalizados hoje por eles na agenda para esta semana, em relação à data, o horário e a conclusão da atividade (*slide* 5.2, pág. 73).
- Solicitar que façam acréscimos ou cancelamentos de atividades ou eventos que ocorrerem ao longo da semana, caso seja necessário.

- Depois de realizados os compromissos, pedir que marquem o real horário de início da atividade e o final, e que identifiquem o tempo gasto em cada um.
- Pedir para não se esquecerem de trazer a agenda na próxima sessão.

SESSÃO 6 – GERENCIAMENTO DE TEMPO PARTE 2

Objetivo
Treino de funções executivas.

Material
Agenda; relógio; marcadores (canetas, fitas, adesivos etc.).

Procedimento

A Sessão 6 inicia-se com a retomada da tarefa de casa, pedida na sessão anterior, de cumprimento de tarefas e gerenciamento de tempo. É aberta uma roda de conversa pelos profissionais, com estímulo à troca de experiências e dicas entre os participantes. Logo em seguida, são apresentadas as propostas de atividades da sessão, de treino para as funções executivas.

O primeiro momento da Sessão 6 acontece em roda de conversa sobre o uso de recursos de apoio ou estratégias para organização da rotina e cumprimento das atividades (ex.: agenda). Pedir aos participantes que relatem os benefícios sobre o uso da agenda e as dificuldades com o cumprimento de atividades mesmo diante do uso do recurso.

Após a roda de conversa, é dado a eles a mesma atividade sobre o uso de agenda, porém com a ampliação da noção de tempo disposto para cada atividade, considerando as tarefas relacionadas ao preparo (ex.: preparação para sair de casa – autocuidado, vestimenta e alimentação etc., trajeto e chegada). Diante disso, abre-se discussão sobre a noção deles diante da complexidade que envolve o preparo e a realização de uma atividade.

Mediação

- É importante sempre averiguar antes do início da sessão se os materiais que serão utilizados são suficientes para todos os participantes e se o ambiente está totalmente seguro.
- É importante em toda a sessão questionar a percepção da sensação de passagem de tempo e emoções.
- Os profissionais podem efetuar adaptações nas tarefas conforme evidenciarem alguma necessidade ou utilizar algum recurso de tecnologia assistiva para esta ou para as próximas sessões, conforme a disponibilidade.

Instruções gerais para todos os exercícios da sessão

- Para todas as etapas desta sessão, é necessário aguardar as instruções dos profissionais (*slide* 6.1, pág. 73).
- As rodas de conversa são livres, a fim de promover trocas entre os participantes. Fala o participante que se sentir mais à vontade, mas é importante que o profissional estimule a participação de todos. A roda de conversa deve ter como tema principal a dificuldade sobre o uso de recursos de estratégias para o gerenciamento de tempo.
- Ao final pedir aos participantes que comentem sobre a sessão, por meio de um bate-papo.
- No final da sessão, apresentar a tarefa de casa, com uma breve explicação da proposta e orientação da sua importância, já que ela dará início à sessão seguinte. O profissional deve questionar se há dúvidas quanto à tarefa para casa.

Não esqueça

No começo da sessão, é importante retomar a tarefa de casa e averiguar com os participantes se houve dificuldades durante a sua execução. No final do atendimento é importante solicitar a atividade para ser feita em casa com uso da apostila como apoio. Caso haja necessidade de colocar alguma observação ou comentário durante a tarefa de casa, pedir que o participante coloque em seguida da atividade.

Instruções para o exercício

- Pedir que peguem suas agendas e abram na semana atual.
- Pedir para revisarem o tempo gasto em cada atividade, considerando todos os fatores associados a ela. Ou seja, reveja o tempo gasto, somando a ele os itens que o antecedem (tempo gasto com a preparação pessoal e trajeto e pausa para refeição, caso tenha tido) e sucedem (tempo gasto com o trajeto para o retorno a casa e caso e pausa para refeição, caso tenha tido). Aqui estão alguns exemplos, mas cabem todos os outros tipos de atividades que envolvem a ação de cumprimento do compromisso (por exemplo, "saí de casa e deixei a chave na minha avó para entregar à minha mãe").

Fechamento

Esta sessão deve ser finalizada com o planejamento da próxima sessão e uma breve explanação sobre o seu tema, continuidade do treino de funções executivas associadas ao gerenciamento de tempo. Evidencia-se a necessidade da realização das tarefas de casa no processo de aprendizagem para o melhor gerenciamento de tempo e da rotina, lembrando que elas darão início às sessões seguintes.

Instruções para a tarefa de casa para a próxima sessão

- Explicar a tarefa de casa. Pedir que anotem na apostila.
- Pedir aos participantes que anotem seus eventos da semana, com tempo de duração, e some a eles uma estimativa de tempo gasto para os preparativos que antecedem e sucedem (*slide* 6.2, pág. 74).
- Depois de realizados os compromissos, pedir que marquem o real tempo gasto com a tarefa e averiguem com o estimado e avaliem os achados.

SESSÃO 7 – GERENCIAMENTO DE TEMPO PARTE 3

Objetivo
Treino de funções executivas.

Material
Agenda, relógio, marcadores (canetas, fitas, adesivos etc.).

Procedimento

A Sessão 7 inicia-se com a retomada da tarefa de casa, pedida na sessão anterior, de cumprimento de tarefas e noção de tempo. É aberta uma roda de conversa pelos profissionais, com estímulo à troca de experiências e dicas entre os participantes. Logo em seguida, são apresentadas as propostas de atividades da sessão, de treino para as funções executivas para noção de tempo e administração da rotina.

Esta sessão tem como fundamento ampliar a noção sobre o gerenciamento de tempo com as outras tarefas que antecedem e sucedem ao cumprimento de qualquer atividade ou evento, ou seja, o tempo extra. Esta sessão, portanto, tem como objetivo demonstrar que toda a atividade necessita de um preparo e que todo preparo gera um tempo gasto adicional, portanto, a soma de tempo entre o preparo, execução e conclusão deve ser considerada para a administração de qualquer sequência de atividades ou rotina.

Mediação

- É importante sempre averiguar antes do início da sessão se os materiais que serão utilizados são suficientes para todos os participantes e se o ambiente está totalmente seguro.

- É importante questionar a percepção da sensação de passagem do tempo e as emoções em toda a sessão.
- Os profissionais podemefetuar adaptações nas tarefas ou utilizar recursos de tecnologia assistiva para esta ou para as próximas sessões, conforme as necessidades especiais.

Instruções gerais para todos os exercícios da sessão

- Para todas as etapas desta sessão, é necessário aguardar as instruções dos profissionais (*slide* 7.1, pág. 74).
- A roda de conversa é livre, a fim de promover trocas entre os participantes. Fala o participante que se sentir mais à vontade, mas é importante que o profissional estimule a participação de todos. A roda de conversa deve ter como tema principal a noção de amplitude de gestão de tempo, entre o preparo para uma atividade até a sua conclusão.
- Ao final pedir aos participantes que comentem sobre a sessão, por meio de um bate-papo.
- No final da sessão, apresentar a tarefa de casa, com uma breve explicação da proposta e orientação da sua importância, já que ela dará início à sessão seguinte. Questionar se há dúvidas quanto à tarefa para casa.

Não esqueça

No começo da sessão é importante retomar a tarefa de casa e averiguar com os participantes se houve dificuldades durante a sua execução. No final do atendimento, é importante solicitar a atividade para ser feita em casa com uso da apostila como apoio. Caso haja necessidade de colocar alguma observação ou comentário durante a tarefa de casa, pedir que o participante coloque em seguida da atividade.

Instruções para o exercício

- Retomar a atividade com uso de agenda.
- Pedir, novamente, que identifiquem a página da data de hoje e a sinalizem com algum marcador externo (fita, adesivo etc.) e que depois sinalizem um período de sete dias, contando a partir da data de hoje.

- Depois de sinalizado o período de uma semana, é solicitado que façam, novamente, a marcação dos próximos eventos ou atividades que eles têm a cumprir por esta semana, com a marcação da data, horário de início e fim e descrição detalhada da atividade.
- Eles devem tentar se lembrar de todos os compromissos da semana e descrever as informações mais relevantes.
- Dar algo novo para esta atividade, como as informações sobre o tempo gasto para a preparação que antecedem e sucedem uma atividade ou evento, ou seja, as outras ações que são necessárias para a execução de um compromisso e cumprimento da sequência de atividades de uma rotina.

Exemplo

"No dia 21 de janeiro de 2024, eu tenho às 9h da manhã o grupo de Programa de Gerenciamento de Tempo e, para isso, terei que acordar às 7h da manhã, tomar meu banho, me vestir, preparar e tomar meu café da manhã. Depois, pegar o transporte público às 8h na rua da minha casa e tentar chegar com antecedência, às 8h40, na clínica e esperar pelo meu atendimento. Após 1 hora e 30 minutos de atendimento, retornarei de transporte público para a minha casa, com o trajeto previsto de 40 minutos, na expectativa de chegar até às 11h30 em casa e almoçar com a minha mãe antes dela sair para o trabalho às 12h."

É importante que neste exercício eles tenham noção da amplitude de tempo que se gasta para uma atividade. Que entendam que toda atividade ou compromisso compreende um tempo que vai além daquele proposto ou direcionado para ela e isso direciona os próximos agendamentos.

Fechamento

Esta sessão deve ser finalizada com o planejamento da próxima e uma breve explanação sobre o seu tema: continuidade do treino de funções executivas associado à resolução de problemas. Evidencia-se a necessidade da realização das tarefas de casa no processo de aprendizagem para o melhor gerenciamento de tempo e da rotina, lembrando que elas darão início às sessões seguintes.

Instruções para a tarefa de casa para a próxima sessão

- Explicar a tarefa de casa. Pedir que anotem na apostila.
- Pedir que avaliem o cumprimento dos compromissos sinalizados hoje por eles na agenda para esta semana, em relação à data, o horário e a conclusão da atividade (*slide* 7.2, pág. 75).
- Solicitar que façam acréscimos ou cancelamentos de atividades ou eventos no decorrer da semana, caso haja.
- Depois de realizados os compromissos, pedir que marquem o início e o fim real da atividade, e a duração (ex.: aula de música, das 9h10 até 10h, duração de 50 minutos).
- Pedir para acrescentarem a estas atividades (realizadas durante a semana) todas as demais ações que antecederam e sucederam o compromisso. Pedir para marcarem o tempo gasto por ação e somar o tempo total das ações mais o tempo gasto durante a atividade.

Exemplo

"Às terças feiras, às 15h faço natação na academia, no bairro vizinho. Às 13h30 eu almoço (30 minutos para almoçar), às 14h eu preparo a mochila com a sunga, a toalha, uma garrafinha de água e os produtos de higiene (15 minutos eu demoro para arrumar a minha mochila com os meus pertences), e as 14h20 eu saio de casa e pego o táxi (20 minutos eu levo para me locomover até a academia). Às 14h40 chego à academia e vou ao vestiário me arrumar (10 minutos eu gasto no vestiário da academia para trocar de roupa). Às 14h50 estou pronto, esperando a aula começar (gosto de chegar com 10 minutos de antecedência para aguardar a aula e beber uma água). No total são gastos com atividades/ações que antecedem meu compromisso de ir à academia e fazer natação, 1 hora e 30 minutos. Minha aula tem duração de 45 minutos. O banho e a troca de roupa pós-aula têm duração de 25 minutos. No total, para eu conseguir fazer a aula de natação na minha rotina, preciso de 2 horas e 40 minutos, além de mais 20 minutos se for retornar para a minha casa de táxi, ou seja, até sua conclusão final, totalizando 3 horas até o fim."

SESSÃO 8 – GERENCIAMENTO DE TEMPO PARTE 4

Objetivo
Treino de funções executivas para resolução de problemas.

Material
Não é necessário.

Procedimento

A Sessão 8 inicia-se com a retomada da tarefa de casa, solicitada na sessão anterior, de cumprimento de tarefas e noção de amplitude de tempo. É aberta uma roda de conversa pelos profissionais com estímulo à troca de experiências e dicas entre os participantes. Logo, em seguida, são apresentadas as propostas de atividades da sessão, de treino de funções executivas para resolução de problemas.

A resolução de problemas é a estratégia básica para a elaboração de planos que abrangem comportamentos[15].

Esta sessão tem como propósito trabalhar os imprevistos do dia a dia e os impactos deles na rotina e nas emoções, além da necessidade de readministração do tempo e da rotina. Trabalha-se, portanto, a capacidade de flexibilidade e adaptação às situações adversas, ou seja, a identificação de intercorrências, o remanejamento das atividades e a flexibilidade cognitiva e emocional às situações imprevistas. Portanto, tem como objetivo trabalhar os imprevistos do dia a dia, auxiliar na melhor forma de resolução dos problemas quanto ao tempo e evitar maiores prejuízos quanto à rotina e às questões pessoais – sociais e emocionais.

Será proposto identificar os mais comuns imprevistos que possam interferir em uma rotina, considerando tanto os aspectos pessoais quanto ambientais (físicos e naturais), ou seja, no controle das emoções e no melhor comportamento diante do imprevisto, no que envolve comunicar o ocorrido e remanejar a agenda.

Mediação

- É importante sempre averiguar antes do início da sessão se os materiais que serão utilizados são suficientes para todos os participantes e se o ambiente está totalmente seguro.
- É importante questionar a percepção da sensação de passagem do tempo, as emoções e o comportamento em toda a sessão.
- Os profissionais podem efetuar adaptações nas tarefas conforme evidenciarem alguma necessidade ou utilizar algum recurso de tecnologia assistiva para esta ou para as próximas sessões, conforme a disponibilidade.

Instruções gerais para todos os exercícios da sessão

- Para todas as etapas desta sessão, é necessário aguardar as instruções dos profissionais (*slide* 8.1, pág. 75).
- As rodas de conversa são livres, a fim de promover trocas entre os participantes. Fala o participante que se sentir mais à vontade, mas é importante que o profissional estimule a participação de todos. A roda de conversa deve ter como tema principal a resolução de problemas a situações adversas à rotina – emoções e comportamento.
- Ao final pedir aos participantes que comentem sobre a sessão, por meio de um bate-papo.
- No final da sessão, apresentar a tarefa de casa, com uma breve explicação da proposta e orientação da sua importância, já que ela dará início à sessão seguinte. O profissional deve questionar se há dúvidas quanto à tarefa para casa.

Não esqueça

No começo da sessão, é importante retomar a tarefa de casa e averiguar com os participantes se houve dificuldades durante a sua execução. No final do atendimento é importante solicitar a atividade para ser feita em casa com uso da apostila como apoio. Caso haja necessidade de colocar alguma observação ou comentário durante a tarefa de casa, pedir que o participante coloque em seguida da atividade.

Instruções para o exercício

- Pedir que se sentem em uma roda de conversa.
- Solicitar que identifiquem situações adversas e variadas que possam interferir no cumprimento dos seus compromissos e na organização das suas rotinas.
- Solicitar que comentem experiências de vida que passaram por intercorrências em que perderam compromissos e geraram prejuízos às suas vidas. Isso vale também para os prejuízos nas relações sociais.
- Pedir que relatem como se sentem quando há descumprimentos e quebras na rotina devido a possíveis intercorrências e como agem e resolvem estes problemas.

Fechamento

Esta sessão deve ser finalizada com o planejamento da próxima e uma breve explanação sobre o seu tema, continuidade do treino de funções executivas associada a resolução de problemas. Evidencia-se a necessidade da realização das tarefas de casa no processo de aprendizagem para o melhor gerenciamento de tempo e da rotina, lembrando que elas darão início às sessões seguintes.

Instruções para a tarefa de casa para a próxima sessão

- Explicar a tarefa de casa. Pedir que anotem na apostila.
- Pedir que identifiquem ao longo desta semana situações adversas que interfiram na sua rotina e a caracterizem (*slide* 8.2, pág. 76) (ex.: "Choveu muito e o metrô parou. Tive que esperar por mais de 30 minutos o retorno normal das operações. Com isso, me atrasei na escola e não

pude entrar na aula e fiquei muito nervosa, precisando ser acalmada e retornei para a minha casa. Agora não poderei mais faltar este semestre, pois esgotei o número de faltas permitidas".

- Pedir para anotarem a causa da interferência e as consequências (emocionais e na rotina) sobre o ocorrido. Além, é claro de descrever como agiu diante deste imprevisto, quanto à resolução do problema.

SESSÃO 9 – GERENCIAMENTO DE TEMPO PARTE 5

Objetivo
Treino de funções executivas para resolução de problemas.

Material
Não é necessário.

Procedimento

A Sessão 9 inicia-se com a retomada da atividade de casa, pedida na sessão anterior, quanto à resolução de problemas. É aberta uma roda de conversa mediada pelos terapeutas e com estímulo à troca de experiências e dicas entre os participantes. Logo em seguida, são apresentadas as propostas de atividades da sessão, de continuidade do treino para as funções executivas para resolução de problemas.

Esta sessão tem ainda como propósito trabalhar os comportamentos mais assertivos para as intercorrências relacionadas ao tempo e a rotina. Trabalha-se, portanto, a capacidade de flexibilidade e adaptação às situações adversas e o melhor comportamento para resolução de problemas.

Esta sessão, portanto, tem como objetivo trabalhar o melhor comportamento diante de situações relacionadas ao mau gerenciamento de tempo e a situações de imprevistos.

Saber resolver o problema da melhor forma contribuirá para o controle das emoções e a amenização dos prejuízos causados por estas intercorrências.

Será proposto identificar os imprevistos mais comuns gerados por cada participante (comportamentais ou emocionais) que possam interferir em suas rotinas; e a sua capacidade de autocontrole e mudança de comportamento. (Ex.: "Quando estou triste, fico mais tempo na cama e me atraso para ir aos meus compromissos ou até deixo de ir"; "Eu não consigo sair de casa sem tomar o meu café, mesmo quando estou muito atrasada".)

Mediação

- É importante sempre averiguar antes do início da sessão se os materiais que serão utilizados são suficientes para todos os participantes e se o ambiente está totalmente seguro.
- É importante questionar a percepção da sensação de passagem do tempo, das emoções e comportamento em toda a sessão.
- Os profissionais podem efetuar adaptações nas tarefas ou utilizar recursos de tecnologia assistiva para esta ou para as próximas sessões, conforme as necessidades especiais.

Instruções gerais para todos os exercícios da sessão

- Para todas as etapas desta sessão, é necessário aguardar as instruções dos profissionais (*slide* 9.1, pág. 76).
- As rodas de conversa são livres, a fim de promover trocas entre os participantes. Fala o participante que se sentir mais à vontade, mas é importante que o profissional estimule a participação de todos. A roda de conversa terá como tema principal a identificação das emoções e comportamentos que causam o mau gerenciamento de tempo.
- Ao final pedir aos participantes que comentem sobre a sessão, por meio de um bate-papo.
- No final da sessão, apresentar a tarefa de casa, com uma breve explicação da proposta e orientação da sua importância, já que ela dará início à sessão seguinte. O profissional deve questionar se há dúvidas quanto à tarefa para casa.

Não esqueça

No começo da sessão é importante retomar a tarefa de casa e averiguar com os participantes se houve dificuldades durante a sua execução. No final do atendimento é importante solicitar a atividade para ser feita em casa com uso da apostila como apoio. Caso haja necessidade de colocar alguma observação

Instruções para o exercício

- Pedir para que os participantes se sentem em uma roda de conversa e aguardem as instruções dos profissionais.
- Pedir que identifiquem situações do dia a dia geradas pelos participantes (emocionais e comportamentais) que causam mau gerenciamento de tempo. Ex.: acordar mal-humorado e sem energia para se arrumar a tempo para o trabalho; ou não conseguir sair de casa sem arrumar a louça, mesmo já estando atrasado, e ficando ansioso.
- Solicitar que comentem experiências de vida em que passaram por problemas de gerenciamento de tempo causado por situações de instabilidades emocionais e hábitos comportamentais desfavoráveis.
- Solicitar que relatem como se sentem quando há quebras na rotina devido a estas intercorrências.
- Pedir que relatem como agem e resolvem estes problemas, tentando amenizar o impacto na rotina e nas relações sociais.
- Pedir que relatem sobre a sua capacidade de autocontrole, habilidades adaptativas e mudanças de comportamento.

Considerando, para este:
- Capacidade de autocontrole: moderação, equilíbrio, autorregulação, autodomínio e agir de forma comedida e prudente. A capacidade de controlar seus próprios impulsos e emoções[16].
- Habilidades adaptativas: é a capacidade de se adaptar e satisfazer as demandas do ambiente, físico e social[17].
- Mudanças de comportamento: representa o processo de alteração das atitudes relacionadas a interações com o ambiente natural e os estímulos presentes neste[18].

Fechamento

Esta sessão deve ser finalizada com o planejamento da próxima e uma breve explanação sobre o seu tema: continuidade do treino das funções executivas associadas à resolução de problemas. Evidencia-se a necessidade da realização das tarefas de casa no processo de aprendizagem para o melhor gerenciamento de tempo e da rotina, lembrando que elas darão início às sessões seguintes.

Instruções para a tarefa de casa para a próxima sessão

- Explicar a tarefa de casa. Pedir que anotem na apostila.
- Pedir que identifiquem, ao longo desta semana, situações emocionais e comportamentais suas que interfiram na sua rotina (*slide* 9.2, pág. 77).
- Pedir para anotarem a causa da interferência e as consequências sobre o ocorrido. Além, é claro, de descrever como agiu diante deste imprevisto, quanto à resolução do problema.

SESSÃO 10 – GERENCIAMENTO DE TEMPO PARTE 6

Objetivo
Estratégias para amenização dos prejuízos e conforto emocional. Autocontrole sobre o gerenciamento de tempo. Fechamento.

Material
Lista de atividades para rotina; papéis com descrições de situações de imprevistos.

Procedimento

A Sessão 10, a última, inicia-se com a retomada da tarefa de casa, pedida na sessão anterior, quanto à resolução de problemas. É aberta uma roda de conversa livre pelos profissionais e com estímulo à troca de experiências e dicas entre os participantes. Logo em seguida, apresentada as propostas de atividades da sessão, de estratégias para amenização dos prejuízos; e conforto emocional.

Esta sessão tem como propósito ensinar estratégias para amenizar os prejuízos pelo mau gerenciamento de tempo e das intercorrências; e oferecer conforto.

Esta sessão, portanto, tem como objetivo treinar a identificação da estruturação do tempo e as dificuldades que possam interferir na sua rotina. Além de identificar as emoções e escolher comportamentos mais saudáveis e assertivos para uma melhor solução.

Serão trabalhados todos os aspectos que envolvem o gerenciamento de tempo, apresentados neste manual:

- Estruturação da rotina.
- Compreensão do tempo que compõem uma atividade.
- Reconhecimento de situações adversas – pessoais e ambientais.
- Remanejamento do tempo e da rotina e mediação de problemas.

Dar a cada participante uma lista de atividades para serem feitas em um dia. Eles devem sequenciar a melhor forma de realizá-las, considerando distância, prioridade, tempo de execução e outros. Sortear para alguns participantes uma possível intercorrência que acometerá a sua rotina. Este imprevisto pode ser inesperado ou previamente avisado. Estes participantes devem se reajustar diante do que pode interferir na sua rotina, mantendo o controle emocional e escolhendo as melhores ações para resolução do problema.

Mediação

- É importante sempre averiguar antes do início da sessão se os materiais que serão utilizados são suficientes para todos os participantes e se o ambiente está totalmente seguro.
- É importante questionar a percepção da sensação de passagem do tempo e das emoções e comportamentos em toda a sessão.
- Os profissionais podem efetuar adaptações nas tarefas conforme evidenciarem alguma necessidade ou utilizar algum recurso de tecnologia assistiva conforme a disponibilidade.

Instruções gerais para todos os exercícios da sessão

- Para todas as etapas desta sessão, é necessário aguardar as instruções dos profissionais (*slide* 10.1, pág. 77).
- As rodas de conversa são livres, a fim de promover trocas entre os participantes. Fala o participante que se sentir mais à vontade, mas é importante que o profissional estimule a participação de todos. A roda de conversa deve ter como tema principal a noção de tempo e o autocontrole sobre o gerenciamento de tempo.
- Ao final pedir aos participantes que comentem sobre a sessão, por meio de um bate-papo.
- No final da sessão, realizar o fechamento do Programa de Gerenciamento de Tempo.

Não esqueça

No começo da sessão, é importante retomar a atividade de casa e averiguar com os participantes se houve dificuldades durante a sua execução. É importante lembrá-los que hoje é a última sessão do programa. No final do atendimento, é importante orientá-lo quanto a manutenção do aprendizado e o acompanhamento das orientações.

Instruções para o exercício

- Pedir que se sentem em uma roda de conversa. Aguardar as instruções dos profissionais (*slide* 10.1, pág. 77).
- Entregar uma lista de atividades a cada um para serem feitas ao longo de um dia. Com o uso de agenda, os participantes devem estruturar a sequência de atividades por horários, conforme os seus próprios critérios: preferências, distância, prioridade e outros. É livre a escolha pela ordem das atividades.
- Sortear dois participantes (ou um número maior conforme o tempo previsto de atividade). Cada um deles receberá uma "situação de intercorrência", e terão que remanejar as suas rotinas. Essas intercorrências podem ser previamente avisadas (ex.: cancelamento pela manhã da consulta médica que aconteceria à tarde; ausência do professor na universidade no dia seguinte) ou não (ex.: greve do metrô, enchente na rua próxima a sua casa, mal-estar etc.).
- Pedir para relatarem as emoções e os comportamentos diante das situações adversas. Os demais participantes não sorteados podem contribuir também com sugestões ou alternativas por soluções.

Exemplo

"Ontem eu pedi ao meu chefe para trabalhar hoje somente meio período, pois tenho consulta médica à tarde. Pela manhã, no trabalho, recebo uma mensagem que a consulta foi cancelada. Me sinto triste, pois estava ansiosa para esta consulta. Assim, comunico ao meu chefe que poderei ficar à tarde. Ele me informa que não é mais possível, pois já escalou alguém para cobrir o meu lugar. Eu reajo aceitando a condição, mas muito chateada, pois será dado como ausente e serei descontada por não ter um documento de comparecimento ao médico. Amanhã conversarei com ele sobre a possibilidade de repor estas horas para não haver desconto."

Fechamento

Este programa se encerra com a validação da importância da capacidade de gerenciamento de tempo para a nossa rotina, e, consequentemente, para a saúde. Além do mais, dizer a todos os participantes que no tempo há imprevisto e tudo bem se não conseguirmos sempre cumprir nossos compromissos. Completar que é importante saber amenizar os prejuízos que possam ocorrer diante disso e saber se acalmar quando houver perda de controle e escolher o melhor comportamento. Sempre informar a quem lhe espera. Tentar remarcar os compromissos sempre quando possível.

Reforçar que estará tudo bem se não conseguir sempre cumprir os seus compromissos, desde que tenha a capacidade de manter o autocontrole e ser responsável por resolver este problema da melhor forma possível naquele momento.

REFERÊNCIAS BIBLIOGRÁFICAS

1. Organização Mundial da Saúde. CIF: Classificação Internacional de Funcionalidade, Incapacidade e Saúde. São Paulo: EDUSP; 2003.
2. Labrell F, Costa HC, Perdry H, Delletolas G. The Time Knowledge Questionnaire for children. Heliyon, 2020;6(2).
3. Janeslätt G, Granlund M, Alderman I, Kottopp A. Development of a new assessment of time processing ability in children, using Rasch analysis. Child Care Health Dev. 2008;34(6):771-80.
4. White SM. Let's get organized: an intervention for persons with co-occurring disorders. Psychiatr Serv. 2007;58(5):713.
5. Fontes R, Ribeiro J, Gupta DS, Machado D, Lopes-Júnior F, Magalhães Fl, et al. Time perception mechanisms at central nervous system. Neurol Int. 2016;8(1):5939.
6. Gazzaniga MS, Ivry RB, Mangun GR. Neurociência cognitiva. Porto Alegre: Artmed; 2006.
7. Wolfe P. Compreender o funcionamento do cérebro e a sua importância para a aprendizagem. Porto: Porto; 2004.
8. Bernardino LG, Oliveira FS, Morais RI. O papel da emoção na percepção de tempo: uma revisão. Psicol. Pesq. 2020;14(3).
9. Lake JI, Labar KS, Meck WH. Emotional modulation of interval timing and time perception. Neurosci Biobehav Rev. 2016;64:403-20.
10. Lake JI, Meck WH, Labar KS. Discriminative fear learners are resilient to temporal distortions during threat anticipation. Timing Time Percept. 2016;4(1):63-78.
11. Grieve J. Neuropsicologia para terapeutas ocupacionais: cognição no desempenho ocupacional. São Paulo: Santos; 2010.
12. Loring D (Ed.). INS Dictionary of neuropsychology. New York: Oxford University Press; 1999.
13. Green J. Neuropsychological evaluation of the older adult: A clinician's guidebook. San Diego: Academic Press; 2000.
14. Hamdan AC, Pereira APA. Avaliação neuropsicológica das funções executivas: considerações metodológicas. Processos Básicos. Psicol Reflex Crit. 2009;22(3).
15. Levy LL, Burns T. Modelo reconsiderado das deficiências cognitivas. In: Katz N. Neurociência, reabilitação cognitiva e modelos de intervenção em terapia ocupacional, 3. ed. São Paulo: Santos; 2014. 433 p.
16. Buela-Casal G, Sierra JC. Manual de evaluación y tratamientos psicológicos. Madrid: Biblioteca Nueva; 2009.
17. American Psychiatric Association. Retardo mental. In: American Psychiatric Association. (DSM IV TR): manual diagnóstico e estatístico de transtornos mentais. Porto Alegre: Artes Médicas; 2002. p. 71-80.
18. Todorov JC, Moreira MB. Psicologia, comportamento, processos e interações. Psicol Reflex Crit 2009;22(3):404–12.

APÊNDICE

Lista de instrumentos de avaliação sugeridos

Miniexame do Estado Mental (MEEM)

Brucki SMD, Nitrini R, Caramelli P, Bertolucci PHF, Okamoto IH. Sugestões para o uso do mini-exame do estado mental no Brasil. Arq Neuro-Psiquiatr. 2003;61(3B):777-81.

Moca Test

Sarmento ALR. Apresentação e aplicabilidade da versão brasileira da MoCA (Montreal Cognitive Assessment) para rastreio de Comprometimento Cognitivo Leve. 2009. 82 f. Dissertação (Mestrado) – Escola Paulista de Medicina, Universidade Federal de São Paulo (UNIFESP), São Paulo; 2009.

Barkley Deficits in Executive Functioning Scale (BDEFS)

Barkley RA. Barkley Deficits in Executive Functioning Scale (BDEFS). New York: Guilford; 2011.

Model of Human Occupation Screening Tool (MOHOST)

Cruz DMC, Parkinson S, Rodrigues DS, Carrijo DCM, Costa JD, Fachin-Martins E, et al. Cross-cultural adaptation, face validity and reliability of the Model of Human Occupation Screening Tool to Brazilian Portuguese. Cad Bras Ter Ocup. 2009;27(4):691-702.

Inventário de tarefas rotineiras – estendido (RTI-E)

Mello PCH. Tradução, adaptação transcultural e validação do inventário das tarefas rotineiras – estendido (RTI-E) em idosos com a doença de Alzheimer. [Dissertação] Faculdade de Medicina da Universidade de São Paulo; 2018.

Lista de Papeis Ocupacionais

Cordeiro JJR. Validação da lista de identificação de papéis ocupacionais em pacientes portadores de doença pulmonar obstrutiva crônica (DPOC) no Brasil [dissertação]. São Paulo: Escola Paulista de Medicina, Universidade Federal de São Paulo; 2005.

Materiais de apoio e breve consulta

- Abrisqueta-Gomez J, Santos FH. Reabilitação neuropsicológica da teoria à prática. São Paulo: Artes Médicas; 2006.
- Cavalcanti A, Galvão C. Terapia ocupacional. Fundamentação & prática. Rio de Janeiro: Guanabara Koogan; 2007.
- Grieve J, Gnanasekaran L. Neuropsicologia para Terapeutas Ocupacionais: cognição no desempenho ocupacional, 3.ed. São Paulo: Santos; 2010.
- Katz N. Neurociência, reabilitação cognitiva e modelos de intervenção em terapia ocupacional, 3.ed. São Paulo: Santos, 2014.
- Katz N, Keren N. Effectiveness of occupational goal intervention for clients with schizophrenia. The Am J Occupational Ther. 2011;65:287-96.
- Li Y, Kielhofner G. Psychometric properties of the volitional questionnaire. Israel J Occupational Ther. 2004;13:E85-E98.
- Vizzotto ADB, Celestino D, Buchain PC, et al. A pilot randomized controlled trial of the Occupational Goal Intervention method for the improvement of executive functioning in patients with treatment-resistant schizophrenia. Psychiatry Research. 2016;245:148-56.
- Vizzotto ADB. Estudo randomizado e controlado para avaliar a eficácia da terapia ocupacional na reabilitação de funções executivas em pacientes com esquizofrenia resistente ao tratamento. Tese de Doutorado: Universidade de São Paulo. Disponível em: https://www.teses.usp.br/teses/disponiveis/5/5142/tde-20032019-161000/pt-br.php. Acesso em: 19/11/2020.

Filmes

- Feitiço do tempo (*Groundhog day*) – 1993.
- Um lugar chamado Nothing Hill (*Nothing Hill*) – 1999 (cena de mudança das estações na feira).
- Questão de tempo (*About time*) – 2013.
- Click (*Click*) – 2006.

ANEXOS

FORMULÁRIO A
MAPEAMENTO DA ROTINA

Formulário A – Rotina

Atividade		
Manhã	06:00	
	07:00	
	08:00	
	09:00	
	10:00	
	11:00	
	12:00	
Tarde	13:00	
	14:00	
	15:00	
	16:00	
	17:00	
	18:00	
Noite	19:00	
	20:00	
	21:00	
	22:00	
	23:00	
	24:00	
	01:00	
	02:00	
	03:00	
	04:00	
	05:00	

FORMULÁRIO B:
MAPEAMENTO DA ROTINA E EMOÇÕES

Formulário B – Rotina e emoções

		Atividade	Sentimento ou emoção
Manhã	06:00		
	07:00		
	08:00		
	09:00		
	10:00		
	11:00		
	12:00		
Tarde	13:00		
	14:00		
	15:00		
	16:00		
	17:00		
	18:00		
Noite	19:00		
	20:00		
	21:00		
	22:00		
	23:00		
	24:00		
	01:00		
	02:00		
	03:00		
	04:00		
	05:00		

CONTEÚDO COMPLEMENTAR

Os *slides* coloridos (pranchas) em formato PDF para uso nas sessões de atendimento estão disponíveis em uma plataforma digital exclusiva (https://https://conteudo-manole.com.br/cadastro/conversando-com-os-pais).

Utilize o *QR code* abaixo, digite o *voucher* **compromisso** e cadastre seu *login* (*e-mail*) e senha para ingressar no ambiente virtual.

O prazo para acesso a esse material limita-se à vigência desta edição.

ÍNDICE REMISSIVO

A

Adaptações nas tarefas 12
Administração do tempo 14
Agenda 19, 21, 31, 29, 33
Agendamento da triagem 7
Alimentação 33
Ambulatórios de
  especialidades 5
Anamnese 7
Ansiedade 1
Apostila 12
  como apoio 12
Atividade
  com uso de agenda 38
  cotidiana 1
  de autoconhecimento e
    percepção 13
  de lazer 18
  do dia a dia 22
  doméstica 18
  sensoriais 15
Autoconhecimento 13
  uso do tempo 11
Autocuidado 33
Avaliação
  final 8
  follow-up 8
  individual 7
  interdisciplinar 8

B

Bate-papo 12, 21
Bateria de avaliações cognitivas e funcionais 8

C

Calendário 12, 19, 21
Capacidade de flexibilidade
  e adaptação às situações
  adversas 41

Centros de Atenção
  Psicossocial 5
Ciclos
  diários 3
  do período do dia 27
Classificação Internacional
  de Funcionalidade,
  Incapacidade e Saúde 4
Cognição 4
Compreensão de rotina 11
Compromisso 4, 40
Consultórios particulares 5
Convocação dos pacientes 7
Cuidadores e/ou
  responsáveis 13
Cumprimento
  das atividades 29
  dos compromissos sinali-
  zados 31

D

Dependência química 1
Depressão 1
Desempenho cognitivo
  funcional 5
Diários de rotinas 8
Dificuldades
  de temporalidade 3
  em relação a tempo 5
  temporais de percepção
  15
Dispositivos de auxílio 18
Duração 19

E

Efeito nas habilidades e
  rotina 8
Emoções 15
Encaminhamentos 7
Enfermarias 5

Estações do ano 3
Estímulos sensoriais 3
  provocados 17
Estresse 1
Estrutura externa 2
Eventos ou atividades 31
Execução do programa 8
Exploração sensorial 17

F

Filme 26
Finalização do grupo 8
Flexibilidade cognitiva e
  emocional às situações
  imprevistas 41
Formulário de mapeamento
  das atividades rotineiras
  13
"Fotografia" da rotina atual
  11
Funcionalidade 2, 4
Funções
  executivas 29
  mentais de ordenar
  eventos 2
  sensoriais 15

G

Gerenciamento de tempo
  1, 2, 11
Gestão de tempo em
  relação às funções
  cognitivas 25
Grupo 8

H

Habilidade
  cognitiva complexa 3
  cognitivo-funcional 7
Hospitais-dia 5

I

Idosos 2
Iluminação natural 12
   do ambiente 16
Incapacidades cognitivas e
   funcionais 2, 4
Instruções 13
Instrumentos validados 4

J

Justificativa 2

M

Mapa 19, 21
Mapeamento
   das atividades do dia a
      dia 11
   do tempo 18
Marcadores 29
   de tempo 11
   e tarefas 13
Materiais utilizados 20

N

Neurociência cognitiva 1, 4
Neuropsicologia 4
Nível de funcionamento no
   dia 11
Noção
   de amplitude de gestão
      de tempo 38
   de passagem do tempo 3
   de regulação do tempo 25
   de tempo 3, 12, 15
Número de participantes
   por grupo 7

O

Oportunidades do
   ambiente 22
Ordem 19
Organização
   da rotina 29, 33
   das atividades de rotina
      3
   do tempo 19
Orientação tempo e espaço
   19, 25

P

Pacientes com transtorno
   mental grave 1
Passagem de tempo 16
Percepção
   da sensação de passagem
      de tempo 34, 38
   das sensações 18
   de tempo por meio dos
      sentidos 15
   sensorial 15
Prejuízos
   na rotina 4
   nas ocupações e rotina 7
Programa de Gerenciamen-
   to de Tempo 1

Q

Qualidade de vida 3
Questionários de rotina 4

R

Reabilitação cognitiva e
   funcional 3
Reaplicação dos
   instrumentos 8
Recepção dos
   encaminhamentos 7
Recursos
   de tecnologia assistiva 34
   para o gerenciamento de
      tempo 34
   de tecnologia assistiva 20
   visuais 12
Refeições 18
Regulação das emoções 4
Relação de tempo e espaço
   20
Relógio 12, 19, 21, 29
Remanejamento das
   atividades 41
Resolução de problemas 39
Ritmo 19
Roda de conversa 13, 17,
   19, 21
Rotina 13
   do participante 11
Rotinas diária 3

S

Sensação de passagem do
   tempo 12, 20
Sentidos 17
Situações
   do ambiente 20
   vividas ao longo da sema-
      na 14
Sucessão 19

T

Tarefas
   de casa 13
   rotineiras 11
Tempo gasto em cada
   atividade, 35
Temporalidade 3
Término do grupo 8
Trajeto para compromissos
   18
Transtorno do déficit
   de atenção e
   hiperatividade 1
Transtornos psicóticos 1
Trechos de um filme 27
Treino
   das habilidades de geren-
      ciamento de tempo
      2, 5
   de funções executivas 29,
      33, 37
      associadas ao geren-
      ciamento de tempo
      31
   para orientação de tempo
      e espaço 19, 21

V

Vestimenta 33
Vínculo terapêutico 11
Vivências por atividades
   conforme as
   experiências naturais
   27

SLIDES

68 TREINO PARA HABILIDADES DO GERENCIAMENTO DE TEMPO

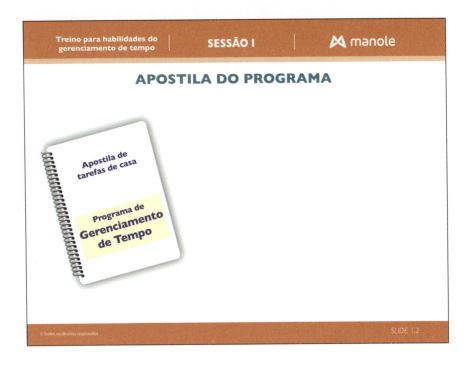

SESSÃO 2 — ATIVIDADE PARA CASA

SLIDE 2.2

SESSÃO 3 — EXERCÍCIO

SLIDE 3.1

Série Psicologia e Neurociências

INTERVENÇÃO DE CRIANÇAS E ADOLESCENTES

manole.com.br

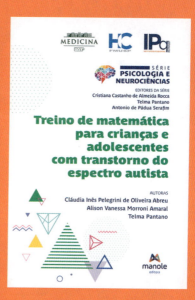

Série Psicologia e Neurociências

INTERVENÇÃO DE ADULTOS E IDOSOS

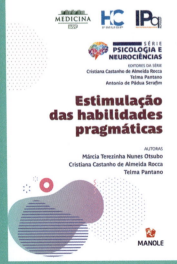
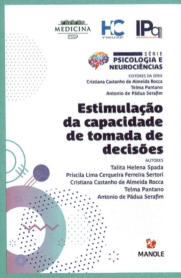

manole.com.br

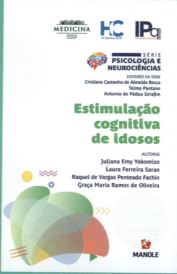

Série Psicologia e Neurociências

INTERVENÇÃO DE ADULTOS E IDOSOS

manole.com.br